LENA MERZ

WEIHNACHTSBÄCKEREI VEGAN

FOTOGRAFIE: SABRINA SUE DANIELS, COCO LANG

INHALT

Öffnen Sie die Klappen dieses Buches.
Dort finden Sie die wichtigsten Infos zum Thema auf einen Blick!

DAS PRINZIP:
VEGAN BACKEN

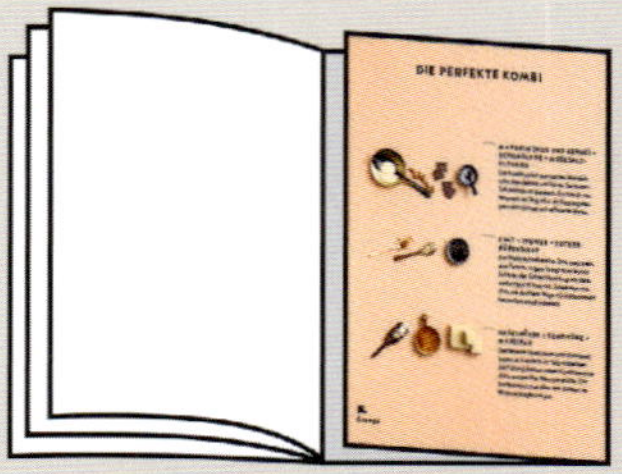

DIE PERFEKTE
KOMBI

Immer griffbereit:

SO GEHT'S:
PFLANZENDRINK
MIXEN

Immer griffbereit:

SO GELINGT'S:
TIPPS & TRICKS

GU
CLOU

Wussten Sie schon, dass ...?
Entdecken Sie bei einigen ausgewählten Rezepten ganz besondere Tipps mit verblüffendem Insiderwissen. Aha-Momente garantiert!

Die Backzeiten können je nach Herd variieren. Unsere Temperaturangaben beziehen sich auf das Backen im Elektroherd mit Ober- und Unterhitze.

Sammeln Ihrer Lieblingsrezepte mit der »GU Kochen Plus«-App (siehe S. 64)

REZEPTKAPITEL

06 KLASSISCHE PLÄTZCHEN

24 KREATIVE KEKSE

42 KUCHEN, MUFFINS & CO.

04 DIE AUTORIN
05 SCHOKO-INGWER-SPLITTER
16, 18, 21, 22, 39 COVERREZEPTE
60 REGISTER, ABKÜRZUNGSVERZEICHNIS
62 IMPRESSUM, LESERSERVICE, GARANTIE

LENA MERZ

Der Einstieg in die vegane Weihnachtsbäckerei ist ganz einfach! Mit den richtigen Zutaten und der passenden Lagerung schmecken Plätzchen, Kuchen & Co. der ganzen Familie. Ob schnell und einfach oder aufwendig und festlich dekoriert, hier verrät Lena ihre besten Backrezepte für den weihnachtlichen Genuss.

Vegane Weihnachten – gelingt das?

Sogar ganz wunderbar. Denn wenn nicht zum Fest der Nächstenliebe, wann dann auf Produkte tierischen Ursprungs verzichten? Mittlerweile gibt es so tolle Ersatzzutaten, und als Ergebnis vieler veganer Backexperimente für fast jedes Gebäck ein kreatives Alternativrezept.

Schmecken auch die Klassiker wie von Oma?

Natürlich liebe auch ich die traditionellen Aprikosenkekse und das Buttergebäck aus der Küche meiner Oma Hia. Nach nur zwei Versuchen das Ei durch die richtige Menge Apfelmark zu ersetzen, merken meine Familie und ich aber keinen Unterschied mehr. Aus diesem Grund habe ich viele klassische Plätzchenrezepte von Oma veganisiert und hier aufgenommen. Und das Beste: Teig ohne Ei darf natürlich auch immer roh genascht werden.

Was ist mir besonders wichtig?

Backen soll Spaß machen. Meine Rezepte sind so konzipiert, dass sie mit vielen verschiedenen Zutaten gebacken werden können. Es spielt oft keine Rolle, welcher Pflanzendrink verwendet wird. Am besten nutzt man den, der gerade im Kühlschrank steht. Und ob man lieber gemahlene Mandeln, Walnuss- oder Cashewkerne mag, ist ebenfalls nicht entscheidend. Denn durch die Abwechslung von Saaten und Nüssen lassen sich Geschmack und Nährstoffgehalt der Plätzchen vielfältig variieren.

SCHOKO-INGWER-SPLITTER

100 g Mandelstifte mit 1 TL Puderzucker in einer Pfanne ohne Fett bei kleiner Hitze rösten, bis sie duften.

100 g vegane Zartbitter-Schokolade (85 % Kakaogehalt) in Stücke brechen und in einer Schüssel über dem heißen Wasserbad schmelzen.

50 g kandierten Ingwer fein hacken.

Mandelstifte, Ingwer und ½ TL Öl in die geschmolzene Schokolade rühren.

Mit zwei Teelöffeln walnussgroße Häufchen auf ein mit Backpapier belegtes Backblech setzen und mindestens 3 Std. trocknen lassen. Kühl aufbewahren. Reicht für ca. 25 Stück.

KLASSISCHE PLÄTZCHEN

08 WALNUSSBLUMEN MIT MARZIPAN

10 ZITRONENPLÄTZCHEN

11 VANILLEKIPFERL

13 KOKOSMAKRONEN

14 ZIMTSTERNE

15 STOLLENKONFEKT

16 DOMINOSTEINE

18 APRIKOSENKEKSE

19 BRAUNE KUCHEN

21 ORANGEN-LEBKUCHEN-STERNE

22 PISTAZIEN-FLORENTINER

23 DATTELRAUTEN

Für ca. 40 Stück • 1 Std. Zubereitung • 30 Min. Kühlen • 18 Min. Backen • 3 Std. 30 Min. Trocknen • Pro Stück ca. 100 kcal, 2 g EW, 6 g F, 9 g KH

WALNUSSBLUMEN MIT MARZIPAN

FÜR GÄSTE

FÜR DEN TEIG
100 g kalte vegane Pflanzenmargarine
60 g Walnusskerne
160 g Mehl
50 g Puderzucker
1 TL Apfelmark (Glas)

FÜR FÜLLUNG UND DEKO
200 g Marzipanrohmasse
160 g Himbeerkonfitüre (ersatzweise andere rote Konfitüre)
60 g vegane Zartbitter-Schokolade (85 % Kakaogehalt)
40 Walnusshälften

AUSSERDEM
Mehl zum Arbeiten
Ausstecher (Blume, 4 cm Ø)

GUT ZU WISSEN
Puderzucker lässt sich aus Rohrohrzucker ganz einfach selbst herstellen. Dafür mindestens 100 g Rohrohrzucker im Hochleistungsmixer in ca. 20 Sek. pulverfein zerkleinern.

TEIG: Margarine 1 cm groß würfeln, Walnüsse fein mahlen. Walnüsse, Mehl, Puderzucker, Apfelmark und Margarinewürfel in eine Rührschüssel geben und mit den Knethaken des Handrührgeräts rasch zu einem glatten Teig verkneten. Den Teig zu einer dicken Platte formen, in eine verschließbare Box legen oder in Frischhaltefolie wickeln und ca. 30 Min. kühlen.

Den Backofen auf 180° vorheizen, zwei Backbleche mit Backpapier belegen. Den Teig halbieren und jede Portion auf der gut bemehlten Arbeitsfläche ca. 3 mm dick ausrollen. Mit dem Ausstecher ca. 80 Kekse ausstechen und auf die Bleche legen. Die Kekse nacheinander im Ofen (Mitte) je 8–9 Min. backen, dabei jedoch nicht dunkel werden lassen. Herausnehmen und auf einem Kuchengitter abkühlen lassen.

FÜLLUNG: Das Marzipan zwischen zwei Bögen Backpapier sehr dünn ausrollen und mit dem Ausstecher 40 Blumen ausstechen. Die Hälfte der Kekse auf der Unterseite mit Konfitüre bestreichen und je 1 Marzipanblume darauflegen. Dann die übrigen Kekse auf der Unterseite mit Konfitüre bestreichen und auf das Marzipan setzen. Ca. 30 Min. trocknen lassen.

DEKO: Die Schokolade hacken und in einer Schüssel über dem heißen Wasserbad schmelzen. Die Oberseite der Kekse mit Schokolade bestreichen, je 1 Walnusshälfte daraufsetzen und mindestens 3 Std. trocknen lassen. Zum Aufbewahren in eine Blechdose schichten und kühl lagern.

Für ca. 25 Stück • 15 Min. Zubereitung • 20 Min. Backen • Pro Stück ca. 120 kcal, 1 g EW, 8 g F, 11 g KH

ZITRONENPLÄTZCHEN

FRUCHTIG

1 Bio-Zitrone
150 g kalte vegane Pflanzenmargarine
200 g Mehl
70 g Rohrohrzucker
120 g Kokosraspel
100 g Zitronenmarmelade

1 Zitrone heiß abwaschen und abtrocknen. 1 TL Schale abreiben und 3 EL Saft auspressen. Margarine 1 cm groß würfeln. Mit Mehl, Zucker, Kokosraspeln, Zitronenschale und -saft in eine Schüssel geben. Alles mit den Rührbesen des Handrührgeräts zu einem glatten Teig verkneten. Diesen zusätzlich mit den Händen kurz verkneten.

2 Den Backofen auf 190° vorheizen, ein Backblech mit Backpapier belegen. Aus dem Teig 2 Rollen (3 cm ∅) formen und diese in 1 cm dicke Scheiben schneiden. Die Scheiben mit den Fingern nochmals rund formen und auf das Backblech legen. In jedes Plätzchen mit dem Zeigefinger oder mit einem Kochlöffelstiel eine Mulde drücken und großzügig mit ½ TL Marmelade füllen.

3 Die Plätzchen im Ofen (Mitte) 18–20 Min. backen. Herausnehmen und auf einem Kuchengitter vollständig auskühlen lassen. Dann in einer Blechdose kühl aufbewahren.

Für ca. 35 Stück • 30 Min. Zubereitung • 1 Std. Kühlen • 24 Min. Backen • Pro Stück ca. 65 kcal, 1 g EW, 4 g F, 5 g KH

VANILLEKIPFERL

EINFACH

130 g Mehl
1 EL Speisestärke
80 g gemahlene Mandeln
80 g Puderzucker
⅔ TL gemahlene Bourbon-Vanille
110 g kalte vegane Pflanzenmargarine
20 g helles Mandelmus

AUSSERDEM
Mehl zum Arbeiten

1 Mehl, Stärke, Mandeln, 50 g Puderzucker und ⅓ TL Vanille in einer Schüssel mischen. Margarine 1 cm groß würfeln, mit dem Mandelmus zugeben und alles zu einem glatten Teig verkneten. Aus dem Teig 2 Rollen (3 cm ∅) formen, in eine verschließbare Box legen oder in Frischhaltefolie wickeln und ca. 1 Std. kühlen.

2 Den Backofen auf 180° vorheizen, zwei Backbleche mit Backpapier belegen. Die Teigrollen in 1 cm breite Scheiben schneiden und auf der leicht bemehlten Arbeitsfläche zu Röllchen formen. Diese rund biegen und mit etwas Abstand auf die Backbleche legen. Im Ofen (Mitte) jeweils 10–12 Min. backen. Herausnehmen und auf dem Blech ca. 10 Min. abkühlen lassen.

3 Restlichen Puderzucker (30 g) und übrige Vanille (⅓ TL) auf einem Teller mischen. Die Kipferl darin wenden und auf einem Kuchengitter ganz auskühlen lassen. In einer Blechdose kühl aufbewahren.

Für ca. 45 Stück • 30 Min. Zubereitung • 30 Min. Backen • 2 Std. 30 Min. Abkühlen • Pro Stück ca. 35 kcal, 0 g EW, 3 g F, 2 g KH

KOKOSMAKRONEN

LOW CARB

100 g Aquafaba (Kichererbsen-Kochwasser, Glas)
½ TL Weinstein-Backpulver
1 TL Johannisbrotkernmehl
2 TL Zitronensaft
80 g Rohrohrzucker
200 g Kokosraspel

GUT ZU WISSEN
Aquafaba ersetzt bei diesen Makronen den klassischen Eischnee. Da es keine heißen Temperaturen verträgt, eignet sich Aquafaba nur für Plätzchen, die bei Temperaturen unter 140° getrocknet werden. Statt mit Kokosraspeln gelingen die Makronen auch mit gemahlenen Haselnüssen.

1 Aquafaba und Backpulver in die Schüssel der Küchenmaschine geben und in ca. 5 Min. schaumig aufschlagen. (Alternativ in einer Rührschüssel mit den Rührbesen des Handrührgeräts aufschlagen).

2 Johannisbrotkernmehl und Zitronensaft zur Schaummasse geben und ca. 2 Min. weiterschlagen. Dann den Zucker in ca. 3 Min. sehr langsam einrieseln lassen und dabei auf höchster Stufe weiterschlagen. Zuletzt die Kokosraspel vorsichtig unter die Schneemasse heben.

3 Den Backofen auf 120° (Umluft) vorheizen, zwei Backbleche mit Backpapier belegen. Die Makronenmasse mit zwei Teelöffeln in walnussgroßen Häufchen auf die Backbleche setzen. Die Häufchen im Ofen (oben und unten) 25–30 Min. backen, dabei die Backbleche nicht tauschen.

4 Die Makronen aus dem Ofen nehmen und auf dem Blech ca. 30 Min. abkühlen lassen. Danach auf ein Kuchengitter setzen und in ca. 2 Std. vollständig auskühlen lassen. In eine Blechdose schichten und kühl aufbewahren.

Für ca. 40 Stück • 30 Min. Zubereitung • 14 Min. Backen • Pro Stück ca. 70 kcal, 1 g EW, 5 g F, 5 g KH

ZIMTSTERNE

AROMATISCH

330 g gemahlene Nusskerne (z. B. Haselnüsse, Mandeln, Walnüsse)
160 g Puderzucker
3 TL Ceylon-Zimtpulver
3 EL Orangensaft

AUSSERDEM
Mehl zum Arbeiten
Ausstecher (Stern, 4 cm)

1 Nüsse, 80 g Puderzucker und 2 TL Zimt in einer Schüssel gut vermischen. 1 EL Orangensaft und 4 EL kaltes Wasser zugeben und alles mit den Knethaken des Handrührgeräts oder mit den Händen zu einem glatten Teig verkneten.

2 Den Backofen auf 170° vorheizen, zwei Backbleche mit Backpapier belegen. Den Teig auf der leicht bemehlten Arbeitsfläche oder zwischen zwei Bögen Backpapier ca. 7 mm dick ausrollen. Sterne ausstechen, auf die Backbleche legen und nacheinander im Ofen (Mitte) jeweils 6–7 Min. backen. Herausnehmen und auf einem Kuchengitter auskühlen lassen.

3 Restlichen Puderzucker (80 g) und Orangensaft (2 EL) zu einem glatten Guss verrühren. Die Zimtsterne damit bestreichen und den übrigen Zimt (1 TL) mit den Fingerspitzen daraufstreuen. Die Zimtsterne in einer Blechdose kühl aufbewahren.

Für ca. 30 Stück • 30 Min. Zubereitung • 15 Min. Backen • Pro Stück ca. 100 kcal, 2 g EW, 4 g F, 12 g KH

STOLLENKONFEKT

ZUM VERSCHENKEN

100 g Vollkorn-Weizenmehl
180 g Weizenmehl (Type 550)
1 TL Weinstein-Backpulver
1 TL Ceylon-Zimtpulver
100 g Rohrohrzucker
50 g gehackte Mandeln
50 g Orangeat (ersatzweise Soft-Aprikosen)
50 g Rosinen
120 g kalte vegane Pflanzenmargarine
175 g Sojaquark (ersatzweise vegane Joghurtalternative)

1 Beide Mehlsorten, Backpulver, Zimt, Zucker, Mandeln, Orangeat und Rosinen in einer Rührschüssel mischen. Die Margarine 1 cm groß würfeln und mit dem Sojaquark zugeben. Alles mit dem Rührbesen des Handrührgeräts zu einem glatten Teig verrühren.

2 Den Backofen auf 180° vorheizen, ein Backblech mit Backpapier belegen. Jeweils 1 gehäuften TL Teig in der Handinnenfläche zu groben Kugeln formen. Die Kugeln etwas flach drücken und auf das Backblech legen. Im Ofen (Mitte) ca. 15 Min. backen, die Stollen sollen noch leicht roh aussehen.

3 Das Stollenkonfekt aus dem Ofen nehmen und auf einem Kuchengitter vollständig auskühlen lassen. Zum Aufbewahren in eine Blechdose schichten und kühl lagern.

DOMINOSTEINE

AUFWENDIG

Für ca. 60 Stück • 1 Std. Zubereitung • 12 Min. Backen • 7 Std. Kühlen • Pro Stück ca. 60 kcal, 1 g EW, 3 g F, 7 g KH

FÜR DEN BODEN

50 g Apfelmark (Glas)
3 EL Öl
30 g Rohrohrzucker
90 g Mehl
40 g gemahlene Mandeln
1 TL Weinstein-Backpulver
1 TL Lebkuchengewürz

FÜR FÜLLUNG UND GLASUR

300 g Aprikosen-Fruchtaufstrich
½ TL Agar-Agar (2 g)
200 g Marzipanrohmasse
150 g vegane Zartbitter-Schokolade (85 % Kakaogehalt)

AUSSERDEM

Backrahmen (24 × 20 cm; ersatzweise Auflaufform)

GUT ZU WISSEN

Agar-Agar wird aus Algen gewonnen und festigt als Gelatine-Ersatz Konfitüren und Säfte. Dabei wird die Masse immer erst nach dem Abkühlen fest. Am besten die Zubereitungsempfehlung auf der Packungsanleitung beachten.

BODEN: Den Backofen auf 170° vorheizen. Apfelmark, Öl und Zucker mit einem Löffel verrühren, bis sich der Zucker auflöst. Mehl, Mandeln, Backpulver und Lebkuchengewürz in einer Schüssel mischen. Die Apfelmarkmischung unterrühren und die Masse zwischen zwei Bögen Backpapier zu einem Rechteck (24 × 20 cm) ausrollen (Bild 1). Mit dem Backpapier in den Backrahmen setzen und im Ofen (Mitte) ca. 12 Min. backen. Herausnehmen und den Boden im Backrahmen ca. 30 Min. abkühlen lassen.

FÜLLUNG: Inzwischen Fruchtaufstrich und Agar-Agar in einem kleinen Topf aufkochen und mindestens 4 Min. sprudelnd kochen lassen. Dabei beständig mit dem Rührbesen rühren (Bild 2). Die Masse ca. 30 Min. abkühlen lassen. Dann auf dem Boden im Backrahmen verteilen (Bild 3).

Das Marzipan zwischen zwei Bögen Backpapier zu einem Rechteck (24 × 20 cm) ausrollen. Auf die Fruchtmasse legen (Bild 4) und mindestens 2 Std. (am besten über Nacht) kühlen.

GLASUR: Die Schokolade hacken und in einer Schüssel über dem heißen Wasserbad schmelzen. Den geschichteten Boden aus dem Backrahmen lösen und in kleine Quadrate schneiden. Jedes Quadrat mithilfe einer Gabel rasch in die geschmolzene Schokolade tauchen (Bild 5), abtropfen lassen und auf einen Bogen Backpapier setzen. Die Dominosteine ca. 4 Std. kühlen, bis die Schokolade fest ist (Bild 6). Am besten in einer Glasdose kühl aufbewahren.

Für ca. 50 Stück • 20 Min. Zubereitung • 50 Min. Kühlen • 22 Min. Backen • Pro Stück ca. 55 kcal, 1 g EW, 3 g F, 6 g KH

APRIKOSENKEKSE

EINFACH

110 g weiche vegane Pflanzenmargarine
80 g Rohrohrzucker
110 g gemahlene Mandeln
50 g Apfelmark (Glas)
Salz
180 g Dinkelmehl (Type 630)
120 g Aprikosenkonfitüre

1 Die Margarine 1 cm groß würfeln. Margarinewürfel und Zucker in einer Rührschüssel mit den Rührbesen des Handrührgeräts in ca. 4 Min. cremig rühren. Mandeln, Apfelmark, 1 Prise Salz und Mehl zugeben und alles zügig zu einem glatten Teig verkneten. Aus dem Teig 4 Rollen (3 cm Ø) formen. Diese in eine verschließbare Box legen oder in Frischhaltefolie wickeln und ca. 20 Min. kühlen.

2 Den Backofen auf 180° vorheizen, ein Backblech mit Backpapier belegen. Die Rollen auf dem Blech flach drücken, bis sie knapp 3 cm breit und 1,5 cm hoch sind. Im Ofen (Mitte) ca. 12 Min. backen. Dann herausnehmen, mit einem Teelöffel längs eine 1 cm breite Vertiefung hineindrücken und mit Konfitüre füllen. In ca. 10 Min. fertig backen.

3 Aus dem Ofen nehmen und mindestens 30 Min. auf dem Blech abkühlen lassen. Dann in 1 cm breite Streifen schneiden und ganz auskühlen lassen. In einer Blechdose kühl aufbewahren.

Für ca. 45 Stück • 20 Min. Zubereitung • 1 Std. Kühlen • 20 Min. Backen • Pro Stück ca. 60 kcal, 1 g EW, 3 g F, 7 g KH

BRAUNE KUCHEN

AUS NORDDEUTSCHLAND

75 g Paranusskerne
1 Stück Ingwer (1 cm lang)
110 g weiche vegane Pflanzenmargarine
80 g Rohrohrzucker
70 g Zuckerrübensirup (z. B. Grafschafter Goldsirup)
250 g Weizenmehl (Type 1050)
1 TL Ceylon-Zimtpulver
1 TL Weinstein-Backpulver

1 Die Paranüsse mittelgrob hacken. Den Ingwer schälen und fein reiben. Die Margarine in 1 cm große Würfel schneiden. Margarinewürfel und Zucker in einer Rührschüssel mit den Rührbesen des Handrührgeräts cremig rühren. Sirup, Ingwer, Mehl, Zimt, Backpulver und Nüsse zugeben und alles zügig zu einem glatten Teig verrühren. Diesen eventuell zusätzlich mit den Händen kurz verkneten.

2 Aus dem Teig 2 Rollen (4 cm ∅) formen und in Frischhaltefolie wickeln. Die Rollen dann durch Druck auf die Arbeitsfläche in eine quadratische Form bringen. Die geformten Teigrollen ca. 1 Std. kühlen.

3 Den Backofen auf 200° vorheizen, zwei Backbleche mit Backpapier belegen. Die Teigrollen in 8 mm dicke Scheiben schneiden und auf die Bleche legen. Die Kekse nacheinander im Ofen (Mitte) jeweils 8–10 Min. backen. Herausnehmen, auf einem Kuchengitter vollständig auskühlen lassen und in einer Blechdose aufbewahren.

Für ca. 35 Stück • 30 Min. Zubereitung • 30 Min. Abkühlen • 16 Min. Backen •
Pro Stück ca. 90 kcal, 1 g EW, 3 g F, 15 g KH

ORANGEN-LEBKUCHEN-STERNE

AUS SCHWEDEN

1 Bio-Orange
100 g vegane Pflanzenmargarine
80 g Rohrohrzucker
75 g Zuckerrübensirup (z. B. Grafschafter Goldsirup)
340 g Dinkelmehl (Type 1050)
3 TL Lebkuchengewürz
½ TL Weinstein-Backpulver
150 g Orangenmarmelade
60 g Puderzucker

AUSSERDEM
Mehl zum Arbeiten
Ausstecher (Sterne, 4 und 2 cm)
Spritztüte (aus Papier)

MEHR DARAUS MACHEN
Die aus der Plätzchenmitte ausgestochenen Sternchen sind zum Zusammenkneten viel zu schade. Lieber auf den Blechen verteilt mitbacken, abkühlen lassen und je 2 Sternchen mit 1 Tupfen Marmelade zusammensetzen.

1 Orange heiß abwaschen und abtrocknen. Die Schale abreiben und 60 ml Saft auspressen. Margarine, Zucker, Sirup und 50 ml Orangensaft in einem Topf erhitzen, bis sich alles vollständig verbunden hat. Die Masse vom Herd nehmen und ca. 30 Min. abkühlen lassen, dabei gelegentlich umrühren.

2 Mehl, Lebkuchengewürz, Backpulver und Orangenschale in einer Schüssel mischen. Die Zuckermasse zugeben und mit den Rührbesen des Handrührgeräts zu einem glatten Teig verrühren.

3 Den Backofen auf 180° vorheizen, zwei Backbleche mit Backpapier belegen. Den Teig auf der leicht bemehlten Arbeitsfläche ca. 3 mm dick ausrollen. Mit dem großen Ausstecher ca. 70 Sterne ausstechen. Bei der Hälfte davon mittig einen kleinen Stern ausstechen. Die Sterne auf die Bleche legen und nacheinander im Ofen (Mitte) jeweils ca. 8 Min. backen. Herausnehmen und auf einem Kuchengitter vollständig auskühlen lassen.

4 Die Marmelade nach Belieben glatt pürieren. Die Lebkuchen ohne Stern auf der Unterseite mit etwas Marmelade bestreichen. Jeweils 1 Lebkuchen mit Mittelstern daraufsetzen, leicht andrücken und trocknen lassen.

5 Puderzucker und ½ TL Orangensaft zu einem dickflüssigen Guss verrühren. Eventuell noch einige Tropfen Orangensaft einrühren. Den Zuckerguss in die Spritztüte füllen, eine feine Spitze abschneiden und Linien oder Tupfen auf die Sterne spritzen. Trocknen lassen und in einer Blechdose kühl aufbewahren.

Für ca. 50 Stück • 30 Min. Zubereitung • 10 Min. Backen • Pro Stück ca. 70 kcal, 1 g EW, 5 g F, 5 g KH

PISTAZIEN-FLORENTINER

EXTRANUSSIG

100 g Rohrohrzucker
90 g aufschlagbare Sojacreme
70 g vegane Pflanzenmargarine
50 g Agavendicksaft
120 g Pistazienkerne
30 g getrocknete Cranberrys (ungezuckert)
150 g Mandelblättchen
100 g vegane weiße Schokolade

1 Den Backofen auf 180° vorheizen, ein Backblech mit Backpapier belegen. Zucker, Sojacreme, Margarine und Agavendicksaft in einem kleinen Topf aufkochen und köcheln lassen, bis die Masse leicht andickt. Die Pistazien grob hacken. Pistazien, Cranberrys und Mandelblättchen unter die Zuckermasse rühren.

2 Die Masse gleichmäßig auf dem Backblech verstreichen, dabei darf stellenweise das Backpapier durchscheinen. Im Ofen (Mitte) ca. 10 Min. backen, bis die Florentinermasse leicht gebräunt ist. Aus dem Ofen nehmen und auf dem Blech vollständig auskühlen lassen. Dann mit einem scharfen Messer in Quadrate (3 × 3 cm) schneiden.

3 Die Schokolade hacken und in einer Schüssel über dem heißen Wasserbad schmelzen. Die Florentiner jeweils zur Hälfte in die geschmolzene Schokolade tauchen und auf Backpapier trocknen lassen. In einer Blechdose kühl aufbewahren.

Für ca. 30 Stück • 20 Min. Zubereitung • 40 Min. Kühlen • 10 Min. Backen • Pro Stück ca. 40 kcal, 1 g EW, 2 g F, 4 g KH

DATTELRAUTEN

ZUCKERFREI

110 g Soft-Datteln (entsteint)
40 g Cashewmus
80 g gemahlene Mandeln
1 TL Weinstein-Backpulver
40 g Mehl
1 TL gemahlener Kardamom
Salz

AUSSERDEM
Mehl zum Arbeiten

1 Die Datteln mit Cashewmus und 3 EL Wasser in einem Standmixer fein pürieren. Mandeln, Backpulver, Mehl, Kardamom und 1 Prise Salz zugeben und alles zügig zu einem glatten Teig mixen. Den Teig zu einer dicken Platte formen, in eine verschließbare Box legen oder in Frischhaltefolie wickeln und ca. 40 Min. kühlen.

2 Den Backofen auf 180° vorheizen, ein Backblech mit Backpapier belegen. Den Teig auf der leicht bemehlten Arbeitsfläche ca. 1 cm dick ausrollen und mit einem Pizzaschneider oder einem scharfen Messer in Rauten (ca. 3 × 3 cm) schneiden.

3 Die Rauten auf das Backblech legen und im Ofen (Mitte) ca. 10 Min. backen. Herausnehmen und auf einem Kuchengitter vollständig auskühlen lassen. In einer Blechdose kühl aufbewahren.

KREATIVE KEKSE

26 ANIS-HASELNUSS-CANTUCCINI

28 KÜRBIS-ZIMT-HERZEN

29 SAMTWEICHE SCHOKO-COOKIES

30 KARDAMOM-ORANGEN-RÖLLCHEN

31 KOKOSSCHNITTEN

33 ZIMTSCHNECKEN-COOKIES

34 EARL-GREY-CROSSIES

35 GEBRANNTE PEKANNÜSSE

36 BUCHWEIZENBRUCH MIT KAFFEE

38 ERDNUSS-HAFERFLOCKEN-COOKIES

39 KÜRBISKERN-KIPFERL

40 CRANBERRY-KUGELN

41 ROSMARIN-TRÜFFEL

Für ca. 40 Stück • 25 Min. Zubereitung • 45 Min. Backen • Pro Stück ca. 65 kcal, 1 g EW, 3 g F, 8 g KH

ANIS-HASELNUSS-CANTUCCINI

AUS ITALIEN

140 g Apfelmark (Glas)
120 g Rohrohrzucker
250 g Dinkelmehl (Type 630)
1 TL Weinstein-Backpulver
1 TL gemahlener Anis
175 g Haselnusskerne (ersatzweise Walnusskerne)

HALTBARKEITS-TIPP
Knusprige Plätzchen werden am besten sortenrein aufbewahrt. Denn nur so bleiben sie auch für mehrere Tage lang schön knackig.

1 Apfelmark und Zucker in einer Rührschüssel mit den Rührbesen des Handrührgeräts ca. 3 Min. verquirlen. In einer zweiten Schüssel Mehl, Backpulver, Anis und Haselnüsse mischen. Die Mehlmischung zum Apfelmark geben und alles zügig verrühren.

2 Den Backofen auf 160° vorheizen, ein Backblech mit Backpapier belegen. Aus dem Teig 3 Rollen (3 cm ∅) formen und diese etwas flach drücken. Die Teigrollen auf das Backblech legen und im Ofen (Mitte) ca. 25 Min. backen.

3 Das Blech aus dem Ofen nehmen, die Rollen vorsichtig auf ein Küchenbrett ziehen und mit einem Sägemesser in 1 cm breite Streifen schneiden. Die Streifen auf der Schnittfläche wieder auf das Blech legen und in den Ofen (Mitte) schieben. Den Backofen auf 150° zurückschalten und die Cantuccini noch ca. 20 Min. rösten, bis sie knusprig sind.

4 Die Cantuccini aus dem Ofen nehmen und auf einem Kuchengitter vollständig auskühlen lassen. Zum Aufbewahren in eine Blechdose schichten und kühl lagern.

Für ca. 40 Stück • 30 Min. Zubereitung • 30 Min. Kühlen • 30 Min. Backen • Pro Stück ca. 75 kcal, 1 g EW, 5 g F, 7 g KH

KÜRBIS-ZIMT-HERZEN

ZUM VERSCHENKEN

200 g Kürbisfruchtfleisch
220 g kalte vegane Pflanzenmargarine
340 g Dinkelmehl (Type 630)
1 TL Weinstein-Backpulver
Salz
40 g Rohrohrzucker
1 TL Ceylon-Zimtpulver

AUSSERDEM
Mehl zum Arbeiten
Ausstecher (Herz, 4 cm)

1 Kürbisfruchtfleisch fein raspeln, Margarine 1 cm groß würfeln. Beides mit Mehl, Backpulver und 1 Prise Salz in einer Rührschüssel mit den Knethaken des Handrührgeräts zu einem glatten Teig verkneten. Den Teig zu einer dicken Platte formen, in eine verschließbare Box legen oder in Frischhaltefolie wickeln und ca. 30 Min. kühlen.

2 Den Backofen auf 180° vorheizen, zwei Backbleche mit Backpapier belegen. Zucker und Zimt mischen. Den Teig dritteln und jede Portion auf der bemehlten Arbeitsfläche ca. 4 mm dick ausrollen. Jeweils ein Drittel vom Zimtzucker gleichmäßig daraufstreuen und mit der Hand festdrücken. Dann aus den Teigplatten mit dem Ausstecher Herzen ausstechen und auf die Bleche legen.

3 Die Herzen im Ofen (Mitte) jeweils ca. 10 Min. backen, dabei das erste Blech nochmals verwenden. Die Kekse schmecken am besten lauwarm. In einer Blechdose kühl gelagert halten sie sich 2 Wochen.

Für ca. 20 Stück • 15 Min. Zubereitung • 24 Min. Backen • 30 Min. Abkühlen • Pro Stück ca. 90 kcal, 3 g EW, 3 g F, 11 g KH

SAMTWEICHE SCHOKO-COOKIES

GLUTENFREI

4 EL Chia-Samen
100 g vegane Zartbitter-Schokolade (85 % Kakaogehalt)
2 Dosen schwarze Bohnen (à 240 g Abtropfgewicht)
40 g Kakaopulver
140 g Agavendicksaft

1 Die Chia-Samen mit 8 EL kaltem Wasser verrühren und bis zur Verwendung beiseitestellen. Die Schokolade mittelgrob hacken. Die Bohnen in ein Sieb abgießen, kalt abspülen und abtropfen lassen.

2 Den Backofen auf 180° vorheizen, zwei Backbleche mit Backpapier belegen. Bohnen, Kakaopulver, Agavendicksaft und Chia-Mischung in einen Hochleistungsmixer füllen und zweimal in jeweils ca. 10 Sek. cremig pürieren. Die gehackte Schokolade unterrühren.

3 Mit einem Esslöffel Teighäufchen mit ausreichend Abstand auf die Backbleche setzen und etwas flach drücken. Die Cookies nacheinander im Ofen (Mitte) jeweils ca. 12 Min. backen. Aus dem Ofen nehmen und mindestens 30 Min. auf dem Blech abkühlen lassen. Dann auf einem Kuchengitter vollständig auskühlen lassen. Die Cookies in eine Glasdose schichten und am besten im Kühlschrank aufbewahren. So sind sie bis zu 2 Wochen haltbar.

Für ca. 60 Stück • 30 Min. Zubereitung • 12 Min. Backen • Pro Stück ca. 40 kcal, 0 g EW, 3 g F, 3 g KH

KARDAMOM-ORANGEN-RÖLLCHEN

KNUSPRIG

1 Bio-Orange
100 g vegane Pflanzenmargarine
80 g feiner Rohrohrzucker
2 TL gemahlener Kardamom
300 g frische Yufkateig-Blätter (aus dem Kühlregal; ersatzweise Strudelteig-Blätter)

1 Orange heiß abwaschen, abtrocknen und die Schale abreiben. Margarine in einem Topf schmelzen. Zucker in die geschmolzene Margarine rühren, bis er sich auflöst. Orangenschale und Kardamom unterrühren und die Margarine vom Herd nehmen.

2 Den Yufkateig auf einem großen Küchenbrett entrollen und die Blätter der Länge nach halbieren. Dann jede Hälfte in 4 Dreiecke (ca. 15 × 15 cm) schneiden. Dabei ist die genaue Größe der Dreiecke nicht wichtig, sie sollen jedoch ungefähr gleich groß sein.

3 Den Backofen auf 200° vorheizen, zwei Backbleche mit Backpapier belegen. Auf jedes Dreieck ½ TL aromatisierte Margarine streichen und von der kürzesten Seite her zu einem dünnen Röllchen aufdrehen. Diese dicht nebeneinander auf die Bleche legen und im Ofen (Mitte) jeweils ca. 6 Min. backen. Herausnehmen und auf einem Kuchengitter abkühlen lassen. In einer Blechdose kühl aufbewahren.

Für ca. 40 Stück • 40 Min. Zubereitung • 40 Min. Tiefkühlen • Pro Stück ca. 80 kcal, 1 g EW, 7 g F, 3 g KH

KOKOSSCHNITTEN

OHNE BACKEN

100 g Haselnusskerne (ersatzweise Mandeln)
90 g Cashewmus
30 g Reissirup
2 EL Öl
110 g Kokosraspel
200 g vegane Zartbitter-Schokolade (85 % Kakaogehalt)
1 TL Meersalzflocken

AUSSERDEM
Auflaufform (20 × 20 cm)

1 Die Form mit Frischhaltefolie auslegen. Die Haselnüsse in einem Hochleistungsmixer in ca. 1 Min. fein zerkleinern. Cashewmus, Reissirup, Öl und Kokosraspel zugeben und alles in ca. 30 Sek. zu einer glatten, leicht feuchten Masse mixen. Die Kokosmasse mit den Fingern gleichmäßig ca. 1 cm hoch in die Form drücken. Mit Frischhaltefolie abdecken und ca. 30 Min. tiefkühlen.

2 Die Kokosmasse auf ein Küchenbrett stürzen und mit einem scharfen Messer in Stücke (5 × 2 cm) schneiden. Die Stücke nebeneinander auf einen Teller setzen und nochmals ca. 10 Min. tiefkühlen.

3 Inzwischen die Schokolade hacken und in einer Schüssel über dem heißen Wasserbad schmelzen. Ein Backblech mit Backpapier belegen. Die Schnitten einzeln in die geschmolzene Schokolade tauchen, auf das Papier setzen, mit Salzflocken bestreuen und trocknen lassen. In einer Glasdose im Kühlschrank aufbewahren.

GU CLOU

Wie einfach sich ein Weihnachtsklassiker veganisieren lässt, zeigt dieses Rezept. Im Mürbeteig ersetzt Pflanzenmargarine die traditionelle Butter, auf dem ausgerollten Teig wird der Zimtzucker mit Aquafaba statt mit geschmolzener Butter fixiert. Wer es eilig hat, bereitet die Cookies mit 1 Rolle fertigem Mürbeteig aus dem Kühlregal (275 g, ohne Butter) zu.

Für ca. 20 Stück • 20 Min. Zubereitung • 1 Std. Kühlen • 20 Min. Backen • Pro Stück ca. 120 kcal, 2 g EW, 7 g F, 13 g KH

ZIMTSCHNECKEN-COOKIES

GÜNSTIG

170 g kalte vegane Pflanzenmargarine
250 g Dinkelmehl (Type 630)
40 g Puderzucker
1 Msp. gemahlene Bourbon-Vanille
Salz
3 EL Aquafaba (Kichererbsen-Kochwasser, Glas)
40 g Rohrohrzucker
1 TL Ceylon-Zimtpulver

AUSSERDEM
Mehl zum Arbeiten

1 Die Margarine in 1 cm große Würfel schneiden. Margarinewürfel, Mehl, Puderzucker, Vanille und 1 Prise Salz in einer Rührschüssel mit den Rührbesen des Handrührgeräts zu einem glatten Teig verkneten. Den Teig eventuell nochmals mit den Händen kurz verkneten. Dann zu einer 3 cm dicken Platte formen, in eine verschließbare Box legen oder in Frischhaltefolie wickeln und ca. 1 Std. kühlen.

2 Den Backofen auf 180° vorheizen, ein Backblech mit Backpapier belegen. Den Teig auf der gut bemehlten Arbeitsfläche zu einem 5 mm dicken Rechteck (20 × 40 cm) ausrollen. Das Aquafaba mit 2 EL Wasser verrühren und mit einem Pinsel auf den Teig streichen. Zucker und Zimt mischen und gleichmäßig auf das Teigrechteck streuen.

3 Den Teig dann von der Längsseite her aufrollen und in 8 mm dicke Scheiben schneiden. Die Scheiben auf das Backblech legen und im Ofen (Mitte) 15–20 Min. backen. Herausnehmen und auf einem Kuchengitter abkühlen lassen. Die Cookies zum Aufbewahren in eine Blechdose schichten.

Für ca. 40 Stück • 20 Min. Zubereitung • 2 Std. Kühlen • Pro Stück ca. 45 kcal, 0 g EW, 2 g F, 7 g KH

EARL-GREY-CROSSIES

OHNE BACKEN

200 g weiße vegane Schokolade
200 g Cornflakes (ungezuckert)
1 Beutel Earl-Grey-Tee (ersatzweise Chai-Tee)

1 Die Schokolade grob hacken und in einer Schüssel über dem heißen Wasserbad schmelzen. Inzwischen die Cornflakes in eine große Schüssel geben und mit den Händen grob zerbröseln, sodass verschieden große Stücke entstehen.

2 Den Teebeutel aufschneiden, den Tee in einem Mörser fein zerstoßen und unter die Cornflakes mischen.

3 Zwei Backblecke mit Backpapier belegen. Die geschmolzene Schokolade über die Cornflakes gießen und sorgfältig vermischen. Dann mit zwei Teelöffeln kleine Häufchen auf die Bleche setzen. Die Crossies ca. 2 Std. kühlen und dabei trocknen lassen. Zum Aufbewahren in eine Blechdose schichten und kühl lagern.

Für ca. 250 g • 10 Min. Zubereitung • 30 Min. Trocknen • Pro Portion (25 g) ca. 130 kcal, 1 g EW, 11 g F, 7 g KH

GEBRANNTE PEKANNÜSSE

SCHNELL

150 g Pekannusskerne
60 g Rohrohrzucker
½ TL gemahlene Bourbon-Vanille
60 ml Aquafaba (Kichererbsen-Kochwasser, Glas; ersatzweise Wasser)

AUSSERDEM
1 Schraubglas (300 ml Inhalt)

1 Pekannüsse, Zucker, Vanille und Aquafaba oder Wasser in einer kleinen Pfanne mischen. Bei großer Hitze aufkochen und so lange kochen lassen, bis die Flüssigkeit fast vollständig verdampft ist. Dabei gelegentlich umrühren. Die Nüsse dann bei mittlerer Hitze unter Rühren karamellisieren lassen. Wenn sie sich kaum mehr bewegen lassen und beginnen zu kleben, vom Herd nehmen.

2 Die gebrannten Nüsse auf einem Bogen Backpapier ausbreiten und ca. 30 Min. trocknen lassen. Sofort servieren oder zum Aufbewahren in ein Schraubglas schichten.

*Für ca. 40 Stück • 20 Min. Zubereitung • 18 Min. Backen • 1 Std. Abkühlen • 8 Std. Trocknen •
Pro Stück ca. 80 kcal, 2 g EW, 5 g F, 6 g F*

BUCHWEIZENBRUCH MIT KAFFEE

KNUSPRIG

30 g Kokosöl
95 g Ahornsirup
230 g Mandelblättchen
100 g Buchweizenmehl
60 g Buchweizenkörner (ersatzweise Buchweizenmehl)
30 g Hanfsamen
1 TL Lebkuchengewürz (ersatzweise Ceylon-Zimtpulver)
1 EL fein gemahlener Kaffee
100 g vegane Zartbitter-Schokolade (85 % Kakaogehalt)

1 Den Backofen auf 160° vorheizen, ein Backblech mit Backpapier belegen. Kokosöl und Ahornsirup in einem Topf bei kleiner Hitze schmelzen. Inzwischen Mandelblättchen, Buchweizenmehl und -körner, Hanfsamen, Lebkuchengewürz und Kaffee in einer großen Schüssel mischen.

2 Den Öl-Sirup-Mix zur Mandelmischung gießen und alles sorgfältig vermischen. Die Masse dann auf dem Backblech mit leicht angefeuchteten Händen zu einer knapp 1 cm dicken Platte (ca. 24 × 24 cm) flach drücken. Dabei darauf achten, dass eine sehr dichte und kompakte Platte entsteht.

3 Die Buchweizenplatte im Ofen (Mitte) 15–18 Min. backen. Herausnehmen und ca. 1 Std. auf dem Blech abkühlen lassen.

4 Die Schokolade hacken und in einer Schüssel über dem heißen Wasserbad schmelzen. Die Buchweizenplatte mit dem Backpapier vorsichtig auf ein großes Küchenbrett ziehen. Die geschmolzene Schokolade darauf verstreichen, bis die Platte dünn überzogen ist. Ca. 8 Std. (am besten über Nacht) trocknen lassen. Danach mit einem scharfen Messer in 3–4 cm große, ungleichmäßige Stücke schneiden. Den Buchweizenbruch in einer Blechdose kühl aufbewahren.

MEHR DARAUS MACHEN

Falls die Buchweizenplatte beim Schneiden etwas zerbröselt, lassen sich die abgebrochenen Stücke prima als Topping auf Müsli oder Porridge streuen. Oder die Buchweizenmasse gleich lose auf einem Backblech verteilt backen und als weihnachtliches Knuspermüsli servieren.

Für ca. 20 Stück • 15 Min. Zubereitung • 20 Min. Backen • Pro Stück ca. 95 kcal, 4 g EW, 5 g F, 8 g KH

ERDNUSS-HAFERFLOCKEN-COOKIES

SCHNELL

75 g Kokosblütenzucker
120 g feine Haferflocken
1 ½ TL Weinstein-Backpulver
180 g Erdnussmus
120 ml Pflanzendrink (z. B. Sojadrink)

1 Den Backofen auf 180° vorheizen, zwei Backbleche mit Backpapier belegen. Zucker, Haferflocken, Backpulver, Erdnussmus und Pflanzendrink in einer Rührschüssel mit den Rührbesen des Handrührgeräts zu einem cremigen Teig verrühren.

2 Mit einem Esslöffel Häufchen abnehmen und mit ausreichend Abstand auf die Backbleche setzen. Die Häufchen nach Belieben mit dem Löffelrücken leicht flach drücken. Die Cookies nacheinander im Ofen (Mitte) jeweils ca. 10 Min. backen.

3 Die Cookies aus dem Ofen nehmen und kurz auf dem Blech abkühlen lassen. Dann auf einem Kuchengitter vollständig auskühlen lassen. Die Cookies in einer Blechdose kühl aufbewahren.

Für ca. 50 Stück • 30 Min. Zubereitung • 30 Min. Kühlen • 20 Min. Backen • Pro Stück ca. 60 kcal, 1 g EW, 4 g F, 5 g KH

KÜRBISKERN-KIPFERL

EXOTISCH

160 g Kürbiskerne
200 g Mehl
70 g Puderzucker
1 EL Kürbiskernöl
150 g kalte vegane Pflanzenmargarine

1 Die Kürbiskerne in einem Hochleistungsmixer fein zerkleinern und in eine Schüssel füllen. Mehl, Puderzucker und Kürbiskernöl zugeben. Die Margarine 1 cm groß würfeln, zufügen und alles mit den Rührbesen des Handrührgeräts zügig zu einem glatten Teig verkneten. Den Teig zu 4 Rollen (3 cm ∅) formen, in eine verschließbare Box legen oder in Frischhaltefolie wickeln und ca. 30 Min. kühlen.

2 Den Backofen auf 180° vorheizen, zwei Backbleche mit Backpapier belegen. Die Teigrollen in 1 cm breite Scheiben schneiden und auf der Arbeitsfläche mit dem Handballen zu Röllchen formen. Diese rund biegen und mit etwas Abstand auf die Backbleche legen.

3 Die Kipferl nacheinander im Ofen (Mitte) jeweils ca. 10 Min. backen. Herausnehmen und auf dem Backblech vollständig auskühlen lassen. In einer Blechdose kühl aufbewahren.

Für ca. 30 Stück • 25 Min. Zubereitung • Pro Stück ca. 65 kcal, 2 g EW, 3 g F, 7 g KH

CRANBERRY-KUGELN

OHNE BACKEN

25 g gefriergetrocknete Cranberrys (ersatzweise gefriergetrocknete Himbeeren)
140 g Haferflocken
80 g Walnusskerne
100 g getrocknete Cranberrys (ungezuckert)
70 g Cashewmus
80 g Apfelmark (Glas)

1 Die gefriergetrockneten Cranberrys in einem Hochleistungsmixer fein zerkleinern. Auf einen großen, flachen Teller streuen.

2 Danach Haferflocken, Walnüsse, getrocknete Cranberrys, Cashewmus und Apfelmark in den Mixer füllen. Alles auf höchster Stufe in ca. 30 Sek. zu einer cremigen Masse pürieren.

3 Aus der Masse mit leicht angefeuchteten Händen walnussgroße Kugeln formen und in den gemahlenen Cranberrys wälzen. Die Kugeln zum Aufbewahren in Schraubgläser schichten und im Kühlschrank lagern. So halten sie sich ca. 2 Wochen.

Für ca. 30 Stück • 30 Min. Zubereitung • 2 Std. Kühlen • Pro Stück ca. 65 kcal, 1 g EW, 5 g F, 4 g KH

ROSMARIN-TRÜFFEL

GLUTENFREI

30 g Rohrohrzucker
2 Zweige Rosmarin
140 g aufschlagbare Sojacreme
240 g vegane Zartbitter-Schokolade (85 % Kakaogehalt; ersatzweise Kuvertüre)
30 g Kokosöl

AUSSERDEM
1 Einwegteebeutel
30 Pralinenförmchen
Spritzbeutel mit Rundtülle (8 mm)

1 Zucker und 30 ml Wasser in einem kleinen Topf aufkochen und in ca. 5 Min. sirupartig einköcheln lassen. Inzwischen den Rosmarin waschen und trocken schütteln. Die Nadeln abstreifen und grob hacken. In den Einwegteebeutel füllen und gut verschließen. Teebeutel und Sojacreme zum Zuckersirup geben. Nochmals aufkochen, dann vom Herd nehmen und die Creme ca. 10 Min. ziehen lassen.

2 Inzwischen die Schokolade sehr fein hacken. Den Teebeutel entfernen, die Schokolade in die Creme rühren und schmelzen lassen. Das Kokosöl unterrühren und die Trüffelmasse ca. 1 Std. kühlen.

3 Die Pralinenförmchen auf ein Backblech stellen. Die gekühlte Trüffelmasse in den Spritzbeutel füllen und in die Pralinenförmchen spritzen. Die Rosmarin-Trüffel dann ca. 1 Std. kühlen, bis sie fest sind. Im Kühlschrank aufbewahren.

KUCHEN, MUFFINS & CO.

44 HEFEKNOTEN MIT ESPRESSOGLASUR

46 KAKI-GEWÜRZKUCHEN

47 GLÜHWEIN-KIRSCH-MUFFINS

49 BIRNEN-GEWÜRZ-MUFFINS

50 LINZER TORTE

52 GEBRANNTE-MANDEL-WAFFELN

53 WEIHNACHTS-POPCORN

55 BROWNIES MIT CHAI-FROSTING

56 BRATAPFEL IM BLÄTTERTEIG

59 BANANEN-WALNUSS-SCONES

Für ca. 15 Stück • 30 Min. Zubereitung • 1 Std. Ruhen • 20 Min. Backen • 15 Min. Abkühlen • Pro Stück ca. 215 kcal, 5 g EW, 10 g F, 24 g KH

HEFEKNOTEN MIT ESPRESSOGLASUR

FÜR GÄSTE

FÜR DEN TEIG

250 ml Pflanzendrink (z. B. Sojadrink)
50 ml Öl
70 g Ahornsirup
125 g Vollkorn-Dinkelmehl
250 g Dinkelmehl (Type 630)
21 g frische Hefe (½ Würfel)

FÜR FÜLLUNG UND GLASUR

150 g Nussmus (z. B. Haselnussmus)
50 g Puderzucker
1 ½ EL frisch gebrühter Espresso

AUSSERDEM

Mehl zum Arbeiten

TAUSCH-TIPP
Haben sich spontan Gäste angekündigt, lassen sich die köstlichen Teilchen auch ganz fix mit einer Rolle frischem Pizzateig aus dem Kühlregal (400 g) zubereiten.

TEIG: Den Pflanzendrink lauwarm erwärmen. Öl und Ahornsirup einrühren. Beide Mehlsorten in einer Rührschüssel mischen, die Hefe dazubröseln und den Pflanzendrink-Öl-Mix dazugießen. Alles mit den Knethaken des Handrührgeräts in ca. 5 Min. zu einem glatten, feuchten Teig verkneten. Den Teig abgedeckt an einem warmen Ort mindestens 1 Std. (am besten 3–4 Std.) gehen lassen.

FÜLLUNG: Den Backofen auf 180° vorheizen, ein Backblech mit Backpapier belegen. Den Teig auf der bemehlten Arbeitsfläche zu einem Rechteck (45 × 25 cm) ausrollen. Das Nussmus mit einer Palette oder einem Löffel darauf verstreichen.

Das Rechteck der Länge nach in der Mitte falten und in 3 cm breite Streifen schneiden. Jeden Streifen an beiden Enden fassen, in sich verdrehen und zu einem Knoten schlingen. Die Knoten auf das Blech legen und im Ofen (Mitte) ca. 20 Min. backen. Herausnehmen und ca. 15 Min. abkühlen lassen.

GLASUR: Puderzucker und Espresso zu einem glatten Guss verrühren. Die Hefeknoten damit bestreichen und am besten warm servieren oder für den Vorrat tiefkühlen.

Für 12 Stücke • 15 Min. Zubereitung • 40 Min. Backen • Pro Stück ca. 180 kcal, 2 g EW, 6 g F, 29 g KH

KAKI-GEWÜRZKUCHEN

WÜRZIG

225 g Mehl
1 ½ TL Weinstein-Backpulver
Salz
100 g Rohrohrzucker
4 EL Öl
150 ml Mineralwasser mit Kohlensäure
2 TL Spekulatiusgewürz
2 Kakis (ersatzweise Äpfel)
35 g kalte vegane Pflanzenmargarine

AUSSERDEM
Springform (26 cm ∅)
vegane Pflanzenmargarine für die Form

1 Den Backofen auf 180° vorheizen, die Form mit Margarine einfetten. 150 g Mehl, Backpulver, 1 Prise Salz und 50 g Zucker in einer Schüssel mischen. Öl, Mineralwasser und 1 TL Spekulatiusgewürz zugeben und mit den Rührbesen des Handrührgeräts zügig zu einem glatten Teig verrühren. Den Teig in die Form füllen und glätten.

2 Kakis waschen, längs halbieren und vom unteren Ende her in 3 mm dicke Scheiben schneiden. Jeweils mehrere Scheiben leicht versetzt senkrecht auf den Teig setzen, sodass ein Muster entsteht.

3 Übriges Mehl (75 g), Zucker (50 g) und Spekulatiusgewürz (1 TL) in einer Schüssel mischen. Margarine 1 cm groß würfeln, zufügen und alles mit den Fingerspitzen zu Streuseln verkneten. Diese auf dem Teig verteilen und den Kuchen im Ofen (Mitte) 35–40 Min. backen. Herausnehmen, leicht abgekühlt aus der Form lösen und auf einem Kuchengitter auskühlen lassen.

Für 12 Stück • 20 Min. Zubereitung • 25 Min. Backen • Pro Stück ca. 205 kcal, 3 g EW, 8 g F, 28 g KH

GLÜHWEIN-KIRSCH-MUFFINS

MIT ALKOHOL

1 Glas Sauerkirschen (360 ml)
60 g vegane Zartbitter-Schokolade (85 % Kakaogehalt)
100 g Roggenmehl
150 g Dinkelmehl (Type 630)
80 g Rohrohrzucker
2 EL Kakaopulver
2 TL Weinstein-Backpulver
100 ml Glühwein
100 ml Mineralwasser mit Kohlensäure
60 ml Öl

AUSSERDEM

12er-Muffinform
12 Muffin-Papierförmchen

1 Den Backofen auf 180° vorheizen, die Papierförmchen in die Mulden der Muffinform setzen. Die Kirschen in ein Sieb abgießen und gut abtropfen lassen. Die Schokolade fein hacken.

2 Roggen- und Dinkelmehl, Zucker, Kakaopulver, Backpulver und gehackte Schokolade in einer Rührschüssel mischen. Glühwein, Mineralwasser und Öl in einem Messbecher verrühren. Die Glühweinmischung zur Mehlmischung gießen und alles mit den Rührbesen des Handrührgeräts sehr zügig verrühren. Die abgetropften Kirschen mit einem Löffel unterheben.

3 Den Teig gleichmäßig in die Förmchen füllen und im Ofen (Mitte) ca. 25 Min. backen. Die Muffins herausnehmen und leicht abkühlen lassen. Dann aus der Form lösen und ganz auskühlen lassen.

GU **CLOU**

Wie leicht man doch in der Weihnachtsbäckerei auf Haushaltszucker verzichten kann! Die Aufgabe des Süßens übernehmen hier ganz natürlich Birne und Datteln. Auch andere Trockenfrüchte wie Aprikosen und Rosinen sind prima Zucker-Alternativen.

Für 12 Stück • 10 Min. Zubereitung • 30 Min. Ruhen • 30 Min. Backen • Pro Stück ca. 215 kcal, 4 g EW, 12 g F, 22 g KH

BIRNEN-GEWÜRZ-MUFFINS

ZUCKERFREI

4 EL Leinsamen
200 g Vollkorn-Dinkelmehl
70 g feine Haferflocken
2 TL Spekulatiusgewürz
1 TL Natron
1 TL Weinstein-Backpulver
3 Birnen
80 g Soft-Datteln (entsteint)
120 ml Öl
1 EL Apfelessig

AUSSERDEM
12er-Muffinform
12 Muffin-Papierförmchen

1 Die Leinsamen in einem Hochleistungsmixer fein zerkleinern. Dann mit Mehl, Haferflocken, Spekulatiusgewürz, Natron und Backpulver in einer Rührschüssel mischen.

2 Die Birnen waschen. 2 Birnen vierteln, entkernen und grob raspeln. Die dritte Birne vierteln, entkernen und 5 mm groß würfeln. Die Datteln fein würfeln. Öl und Essig verrühren.

3 Birnenraspel, Dattelwürfelchen und Ölmischung zur Mehlmischung geben. Alles mit den Rührbesen des Handrührgeräts zu einem glatten Teig verrühren. Die Birnenwürfelchen unterheben und den Teig abgedeckt ca. 30 Min. ruhen lassen.

4 Den Backofen auf 180° vorheizen, die Papierförmchen in die Mulden der Muffinform setzen. Den Teig gleichmäßig in die Förmchen füllen und im Ofen (Mitte) 25–30 Min. backen.

5 Die Muffins aus dem Ofen nehmen und leicht abkühlen lassen. Dann aus der Form lösen und servieren. Die Muffins bleiben 2 Tage frisch, lassen sich aber auch gut tiefkühlen.

Für 12 Stücke • 30 Min. Zubereitung • 30 Min. Kühlen • 45 Min. Backen • Pro Stück ca. 290 kcal, 4 g EW, 21 g F, 19 g KH

LINZER TORTE

KLASSIKER

FÜR DEN TEIG

150 g Mehl
80 g Rohrohrzucker
160 g gemahlene Haselnusskerne
1 Prise gemahlene Nelken
½ TL Ceylon-Zimtpulver
Salz
170 g kalte vegane Pflanzenmargarine

FÜR DIE FÜLLUNG

400 g Himbeeren (ersatzweise TK-Himbeeren)
5 EL Chia-Samen

AUSSERDEM

Springform (26 cm ∅)
vegane Pflanzenmargarine für die Form
Mehl zum Arbeiten
Ausstecher (Sterne, in zwei Größen)

TAUSCH-TIPP
Eilige bestreichen den Boden mit 400 g Himbeerkonfitüre statt mit dem frisch zubereiteten Himbeeraufstrich.

TEIG: Mehl, Zucker, Haselnüsse, Nelken, Zimt und 1 Prise Salz in einer Rührschüssel mischen. Die Margarine in 1 cm große Würfel schneiden und zugeben. Die Würfel zuerst mit den Rührbesen des Handrührgeräts, dann mit den Händen zügig unter die Mehlmischung kneten. Den Teig zu einer dicken Platte formen, in eine verschließbare Box legen oder in Frischhaltefolie wickeln und ca. 30 Min. kühlen.

FÜLLUNG: Inzwischen die Himbeeren bei Bedarf waschen, trocken tupfen und pürieren (TK-Beeren vorher auftauen lassen). Himbeerpüree und Chia-Samen in einer Schüssel verrühren und ca. 30 Min. quellen lassen.

FERTIGSTELLEN: Den Backofen auf 180° vorheizen, die Form sehr gut mit Margarine einfetten oder mit Backpapier auslegen. Zwei Drittel des Teiges in der Form mit dem Handballen gleichmäßig zu einem Boden flach drücken, dabei einen 2 cm hohen Rand formen. Die Füllung darauf verteilen. Den restlichen Teig auf der leicht bemehlten Arbeitsfläche oder zwischen zwei Bögen Backpapier 5 mm dick ausrollen. Mit den Ausstechern verschieden große Sterne ausstechen und dekorativ auf der Füllung verteilen.

Die Torte im Ofen (Mitte) 40–45 Min. backen. Herausnehmen und auf einem Kuchengitter abkühlen lassen. Dann aus der Form lösen, in Stücke schneiden und servieren.

Für 8 Stück • 40 Min. Zubereitung • Pro Stück ca. 235 kcal, 6 g EW, 9 g F, 33 g KH

GEBRANNTE-MANDEL-WAFFELN

EINFACH

200 g Mehl
1 EL Weinstein-Backpulver
15 g Rohrohrzucker
150 g gebrannte Mandeln
350 ml Pflanzendrink (z. B. Sojadrink)
50 ml Orangensaft
3 EL Öl

AUSSERDEM
Waffeleisen
Öl für das Waffeleisen

1 Mehl, Backpulver und Zucker in einer Schüssel mischen. Die gebrannten Mandeln mittelgrob hacken und untermischen. Pflanzendrink, Orangensaft und Öl in einem Messbecher verrühren. Die Mischung zur Mehlmischung gießen und alles mit den Rührbesen des Handrührgeräts zu einem glatten Teig verrühren.

2 Das Waffeleisen auf mittlerer Stufe vorheizen. Die Backflächen sehr gut mit Öl einfetten, dann 1 kleine Schöpfkelle Teig auf die untere Backfläche geben. Das Waffeleisen schließen und die Waffel ca. 4 Min. backen, dabei geht der Teig stark auf. Herausnehmen und auf ein Kuchengitter legen. Mit dem restlichen Teig wiederholen.

3 Die fertig gebackenen Waffeln in Segmente teilen und warm servieren oder für den Vorrat tiefkühlen.

Für 100 g • 10 Min. Zubereitung • Pro Portion (50 g) ca. 330 kcal, 6 g EW, 13 g F, 47 g KH

WEIHNACHTS-POPCORN

FÜR KINDER

2 EL Bratöl
100 g Popcornmais
2 EL Ahornsirup
½ Tonkabohne (ersatzweise 1 TL Lebkuchengewürz, Spekulatiusgewürz oder Ceylon-Zimtpulver)

1 Das Öl in einem großen Topf erhitzen. Die Maiskörner ins heiße Öl geben und zugedeckt bei mittlerer bis großer Hitze unter gelegentlichem Schütteln aufpoppen lassen. (Alternativ das Popcorn in der Mikrowelle zubereiten. Dafür die Maiskörner in einer mikrowellengeeigneten Dose mit locker aufgelegtem Deckel bei 800 Watt in 3–4 Min. aufpoppen lassen.)

2 Den Ahornsirup in eine große Schüssel geben und die Tonkabohne fein dazureiben. Das heiße Popcorn zufügen und alles sorgfältig vermischen. Das Popcorn sofort servieren.

Für 12 Stück • 20 Min. Zubereitung • 30 Min. Backen • Pro Stück ca. 230 kcal, 4 g EW, 13 g F, 26 g KH

BROWNIES MIT CHAI-FROSTING

EXOTISCH

FÜR DEN TEIG

250 g Zucchini
100 g vegane Zartbitter-Schokolade (85 % Kakaogehalt)
70 ml Öl
80 g Apfelmark (Glas)
80 ml Pflanzendrink (z. B. Sojadrink)
160 g Mehl
50 g Kakaopulver
1 ½ TL Weinstein-Backpulver
Salz
100 g Rohrohrzucker

FÜR DAS FROSTING

2 Beutel Chai-Tee
150 g veganer Frischkäse
30 g Rohrohrzucker

AUSSERDEM

Auflaufform (20 × 30 cm)

GUT ZU WISSEN

Brownieteig lässt sich gut mit Zucchini oder Möhre zubereiten. Sie machen den Teig supersaftig und nährstoffreich.

TEIG: Den Backofen auf 175° vorheizen, die Form mit Backpapier auslegen. Die Zucchini waschen, putzen und auf der Küchenreibe grob raspeln. Die Schokolade fein hacken. Öl, Apfelmark und Pflanzendrink verrühren.

Mehl, Kakaopulver, Backpulver, 1 Prise Salz und Zucker in einer Schüssel mischen. Zucchini, gehackte Schokolade und Ölmischung zur Mehlmischung geben und alles mit einem Löffel zügig zu einem glatten Teig verrühren. Den Teig gleichmäßig in die Form füllen und im Ofen (Mitte) ca. 30 Min. backen.

FROSTING: Inzwischen die Teebeutel öffnen und den Chai-Tee mit Frischkäse und Zucker verrühren. Die Creme bis zur Verwendung in den Kühlschrank stellen.

FERTIGSTELLEN: Den Kuchen aus dem Ofen nehmen und auf einem Kuchengitter vollständig auskühlen lassen. Danach mit dem Frosting bestreichen und in Stücke schneiden. Die Brownies aus der Form heben und servieren.

Für 4 Stück • 15 Min. Zubereitung • 35 Min. Backen • Pro Stück ca. 485 kcal, 9 g EW, 27 g F, 50 g KH

BRATAPFEL IM BLÄTTERTEIG

FÜR GÄSTE

FÜR DIE BRATÄPFEL
4 Äpfel (z. B. Boskop)
30 g Rosinen
20 g Sesam
25 g Nussmus (z. B. Haselnussmus, Mandelmus)
20 g Walnusskerne
20 g Marzipanrohmasse
1 Rolle frischer Blätterteig (270 g, aus dem Kühlregal)

FÜR DIE SAUCE
200 g Sojagurt Vanille
40 ml Pflanzendrink (z. B. Sojadrink)
20 g Rohrohrzucker

AUSSERDEM
Ausstecher (Stern, 2 cm)
Auflaufform (20 × 30 cm)

GUT ZU WISSEN
Blätterteig von der Rolle ist von Haus aus vegan, denn er wird mit Palmöl hergestellt. Am besten im Bioladen kaufen, mit Palmöl aus Öko-Anbau.

BRATÄPFEL: Die Äpfel waschen, schälen und das Kerngehäuse mit einem Apfelausstecher herausstechen. Das Loch mit dem Ausstecher auf ca. 2 cm ∅ vergrößern.

Rosinen, Sesam und Nussmus in einer kleinen Schale mischen. Die Walnüsse fein hacken. Das Marzipan mit den Fingern in kleine Stücke zupfen. Walnüsse und Marzipan unter die Rosinen mischen. Die Masse dicht in die Äpfel füllen.

FERTIGSTELLEN: Den Backofen auf 180° vorheizen. Den Blätterteig auf der Arbeitsfläche entrollen. Die Teigplatte dann einmal längs und einmal quer halbieren, sodass vier Rechtecke entstehen. Am Rand der Rechtecke mit dem Ausstecher jeweils einen Stern ausstechen. Jeden Apfel locker in ein Teigrechteck wickeln und einen Stern an der Oberseite festdrücken. Die Bratäpfel in die Form setzen und im Ofen (Mitte) ca. 35 Min. backen.

SAUCE: Joghurt, Pflanzendrink und Zucker verrühren. Die Sauce auf vier Dessertschalen verteilen. Die Bratäpfel aus dem Ofen nehmen, auf die Sauce setzen und heiß servieren.

Für 8 Stück • 25 Min. Zubereitung • 20 Min. Backen • 15 Min. Abkühlen •
Pro Stück ca. 250 kcal, 5 g EW, 14 g F, 27 g KH

BANANEN-WALNUSS-SCONES

AUS ENGLAND

70 g Walnusskerne
250 g Dinkelmehl (Type 1050)
2 TL Weinstein-Backpulver
½ TL Ceylon-Zimtpulver
½ TL gemahlener Ingwer
Salz
60 g weiches Kokosöl
2 kleine, reife Bananen
60 ml Pflanzendrink (z. B. Sojadrink)

HALTBARKEITS-TIPP

Weihnachtsgebäck wie Scones, Muffins und Hefeknoten schmecken frisch am besten. Sie lassen sich 2 Tage unter einer Kuchenglocke aufbewahren oder tiefkühlen. Dann einfach bei Zimmertemperatur wieder auftauen lassen und genießen.

1 Die Walnüsse mit einem scharfen Messer fein hacken. Walnüsse, Mehl, Backpulver, Zimt, Ingwer und 1 Prise Salz in einer Rührschüssel mischen. Das Kokosöl zugeben und mit den Fingerspitzen in die trockenen Zutaten reiben.

2 Die Bananen schälen und in grobe Stücke teilen. Die Stücke mit dem Pflanzendrink in einem Standmixer fein pürieren. Die Bananencreme zur Mehlmischung geben und alles mit den Rührbesen des Handrührgeräts zügig verrühren. Dabei nur so lange rühren, bis sich alle Zutaten gerade verbunden haben.

3 Den Backofen auf 180° vorheizen, ein Backblech mit Backpapier belegen. Die Scones-Masse auf dem Backblech zu einem Kreis (25 cm ⌀) formen. Den Kreis mit einer Teigkarte in 8 Tortenstücke teilen, diese jedoch nicht auseinanderziehen.

4 Die Scones im Ofen (Mitte) ca. 20 Min. backen. Danach aus dem Ofen nehmen und ca. 15 Min. auf dem Blech abkühlen lassen. Die Scones am besten lauwarm servieren.

REGISTER

A

Anis-Haselnuss-Cantuccini 26
Apfelmark
- Anis-Haselnuss-Cantuccini 26
- Aprikosenkekse 18
- Brownies mit Chai-Frosting 55
- Cranberry-Kugeln 40
- Dominosteine 16
- Walnussblumen mit Marzipan 08

Aprikosenkekse 18
Aquafaba
- Kokosmakronen 13
- Zimtschnecken-Cookies 33

B

Bananen-Walnuss-Scones 59
Birnen-Gewürz-Muffins 49
Blätterteig: Bratapfel im Blätterteig 56
Bohnen: Schoko-Cookies, samtweiche 29
Bratapfel im Blätterteig 56
Brownies mit Chai-Frosting 55
Buchweizenbruch mit Kaffee 36

C

Cashewmus
- Cranberry-Kugeln 40
- Dattelrauten 23
- Kokosschnitten 31

Chia-Samen
- Linzer Torte 50
- Schoko-Cookies, samtweiche 29

Cranberrys
- Cranberry-Kugeln 40
- Pistazien-Florentiner 22

D

Datteln
- Birnen-Gewürz-Muffins 49
- Dattelrauten 23

Dominosteine 16

E/F

Earl-Grey-Crossies 34
Erdnuss-Haferflocken-Cookies 38
Frischkäse: Brownies mit Chai-Frosting 55

G

Gebrannte-Mandel-Waffeln 52
Glühwein-Kirsch-Muffins 47

H

Haferflocken
- Birnen-Gewürz-Muffins 49
- Cranberry-Kugeln 40
- Erdnuss-Haferflocken-Cookies 38

Haselnüsse
- Anis-Haselnuss-Cantuccini 26
- Kokosschnitten 31
- Linzer Torte 50

Hefeknoten mit Espressoglasur 44
Himbeeren: Linzer Torte 50

K/L

Kaffee
- Buchweizenbruch mit Kaffee 36
- Hefeknoten mit Espressoglasur 44

Kaki-Gewürzkuchen 46
Kardamom-Orangen-Röllchen 30
Kirschen: Glühwein-Kirsch-Muffins 47
Kokosraspel
- Kokosmakronen 13
- Kokosschnitten 31
- Zitronenplätzchen 10

Konfitüre
- Aprikosenkekse 18
- Dominosteine 16
- Walnussblumen mit Marzipan 08

Kuchen, braune 19
Kürbis-Zimt-Herzen 28
Kürbiskern-Kipferl 39
Linzer Torte 50

M

Mandeln
- Aprikosenkekse 18
- Buchweizenbruch mit Kaffee 36
- Dattelrauten 23
- Dominosteine 16
- Gebrannte-Mandel-Waffeln 52
- Pistazien-Florentiner 22
- Schoko-Ingwer-Splitter 05
- Stollenkonfekt 15
- Vanillekipferl 11

Marmelade
Orangen-Lebkuchen-Sterne 21
Zitronenplätzchen 10
Marzipan
Bratapfel im Blätterteig 56
Dominosteine 16
Walnussblumen mit Marzipan 08

N

Nüsse
Kuchen, braune 19
Zimtsterne 14
Nussmus
Bratapfel im Blätterteig 56
Hefeknoten mit Espressoglasur 44

O

Orangen
Gebrannte-Mandel-Waffeln 52
Kardamom-Orangen-Röllchen 30
Orangen-Lebkuchen-Sterne 21
Zimtsterne 14

P

Pekannüsse, gebrannte 35
Pflanzendrink
Bananen-Walnuss-Scones 59
Bratapfel im Blätterteig 56
Brownies mit Chai-Frosting 55
Erdnuss-Haferflocken-Cookies 38
Gebrannte-Mandel-Waffeln 52
Hefeknoten mit Espressoglasur 44
Pistazien-Florentiner 22

R

Rosinen
Bratapfel im Blätterteig 56
Stollenkonfekt 15
Rosmarin-Trüffel 41

S

Schokolade
Brownies mit Chai-Frosting 55
Buchweizenbruch mit Kaffee 36
Dominosteine 16
Earl-Grey-Crossies 34
Glühwein-Kirsch-Muffins 47
Kokosschnitten 31
Pistazien-Florentiner 22
Rosmarin-Trüffel 41
Schoko-Cookies, samtweiche 29
Schoko-Ingwer-Splitter 05
Walnussblumen mit Marzipan 08
Sojacreme
Pistazien-Florentiner 22
Rosmarin-Trüffel 41
Sojaquark: Stollenkonfekt 15
Stollenkonfekt 15

T

Tee
Brownies mit Chai-Frosting 55
Earl-Grey-Crossies 34

V/W

Vanillekipferl 11
Walnüsse
Bananen-Walnuss-Scones 59
Bratapfel im Blätterteig 56
Cranberry-Kugeln 40
Walnussblumen mit Marzipan 08
Weihnachts-Popcorn 53

Y/Z

Yufkateig: Kardamom-Orangen-Röllchen 30
Zimtschnecken-Cookies 33
Zimtsterne 14
Zitronenplätzchen 10
Zucchini: Brownies mit Chai-Frosting 55
Zuckerrübensirup
Kuchen, braune 19
Orangen-Lebkuchen-Sterne 21

Abkürzungsverzeichnis:
E = Eiweiß
EL = Esslöffel (gestrichen)
F = Fett
kcal = Kilokalorien
KH = Kohlenhydrate
Msp. = Messerspitze
Pck. = Päckchen
TK = Tiefkühl
TL = Teelöffel (gestrichen)
Ø = Durchmesser

QUALITÄTS G|U GARANTIE

LIEBE LESERINNEN UND LESER,

wir wollen Ihnen mit diesem Buch Informationen und Anregungen geben, um Ihnen das Leben zu erleichtern oder Sie zu inspirieren, Neues auszuprobieren. Wir achten bei der Erstellung unserer Bücher auf Aktualität und stellen höchste Ansprüche an Inhalt und Gestaltung. Alle Anleitungen und Rezepte werden von unseren Autoren, jeweils Experten auf ihren Gebieten, gewissenhaft erstellt und von unseren Redakteur*innen mit größter Sorgfalt ausgewählt und geprüft.

Haben wir Ihre Erwartungen erfüllt? Sind Sie mit diesem Buch und seinen Inhalten zufrieden? Wir freuen uns auf Ihre Rückmeldung. Und wir freuen uns, wenn Sie diesen Titel weiterempfehlen, in Ihrem Freundeskreis oder bei Ihrem Online-Kauf.

Sollten wir Ihre Erwartungen so gar nicht erfüllt haben, tauschen wir Ihnen Ihr Buch jederzeit gegen ein gleichwertiges zum gleichen oder ähnlichen Thema um.

KONTAKT ZUM LESERSERVICE

GRÄFE UND UNZER VERLAG
Grillparzerstraße 12
81675 München
www.gu.de

G|U

GU ist eine eingetragene Marke der GRÄFE UND UNZER VERLAG GmbH, www.gu.de

ISBN 978-3-8338-8013-1
1. Auflage 2021

Projektleitung: Melanie Loser
Lektorat: Petra Teetz
Korrektorat: Adriane Andreas
Gesamtgestaltung: independent Medien-Design, Horst Moser, München
Umschlaggestaltung: ki36 Editorial Design, Sabine Krohberger, München
Herstellung: Gloria Schlayer
Satz: Eberl & Kœsel Studio GmbH
Reproduktion: medienprinzen GmbH, München
Druck und Bindung: Firmengruppe APPL, aprina druck, Wemding
Printed in Germany

DIE AUTORIN

Lena Merz ist leidenschaftliche Foodie, Kochbuchautorin und Ernährungsberaterin. In ihren Büchern und auf ihren beiden Blogs lenamerz.de und breifreibaby.de beweist sie: Gesundes und leckeres Essen kann ganz einfach sein.

DIE FOTOGRAFIN

Sabrina Sue Daniels ist ausgebildete Fotografin, Ernährungscoach, Foodstylistin und Autorin zahlreicher Kochbücher. Bezeichnend für ihre wunderschöne Fotografie sind die ästhetisch inszenierten Foodfotos, die Lust auf gesunde Rezepte machen.

Bildnachweis:
Sabrina Sue Daniels: S. 06-59 und Stepfotos auf den Klappen
Kathrin Koschitzki: Coverfoto
Coco Lang: S. 01, 05 und Stillleben auf den Klappen
Andrea Mühleck: Autorenfoto

Umwelthinweis:
Nachhaltigkeit ist uns sehr wichtig. Der Rohstoff Papier ist in der Buchproduktion hierfür von entscheidender Bedeutung. Daher ist dieses Buch auf PEFC-zertifiziertem Papier gedruckt. PEFC garantiert, dass ökologische, soziale und ökonomische Aspekte in der Verarbeitungskette unabhängig überwacht werden und lückenlos nachvollziehbar sind.

Syndication: www.seasons.agency

Die GU-Homepage finden Sie unter www.gu.de

GRÄFE UND UNZER
Ein Unternehmen der
GANSKE VERLAGSGRUPPE

APPETIT AUF MEHR?

ISBN 978-3-8338-7813-8

ISBN 978-3-8338-7892-3

ISBN 978-3-8338-7755-1

ISBN 978-3-8338-7570-0

ISBN 978-3-8338-7785-8

ISBN 978-3-8338-7735-3

e Auch als eBook erhältlich.

GU

Mehr von GU auf **www.gu.de** und **facebook.com/gu.verlag**

DIE »GU KOCHEN PLUS«-APP

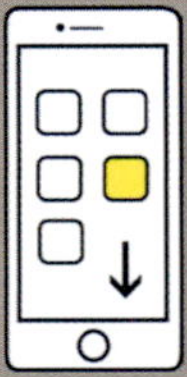

1 APP HERUNTERLADEN

Laden Sie die kostenlose »GU Kochen Plus«-App im Apple App Store oder im Google Play Store auf Ihr Smartphone. Starten Sie die App und wählen Sie Ihren Küchenratgeber aus.

2 REZEPTBILD SCANNEN

Scannen Sie das gewünschte Rezeptbild mit der Kamera Ihres Smartphones. Klicken Sie im Display die Funktion Ihrer Wahl.

3 FUNKTIONEN NUTZEN

Sammeln Sie Ihre Lieblingsrezepte. Speichern und verschicken Sie Ihre Einkaufslisten. Oder nutzen Sie den praktischen Supermarkt-Finder und den Rezept-Planer.